Date: 6/16/2020

SP J 242.62 MIP
Mi pequeño libro de
oraciones

Para:

....

De:

....

Fecha:

....

Mi pequeño libro de oraciones

Compilado por Brenda Ward

Ilustrado por Diane Le Feyer

GRUPO NELSON
Una división de Thomas Nelson Publishers
Desde 1798

NASHVILLE   MÉXICO DF.   RÍO DE JANEIRO

Editora en Jefe: *Graciela Lelli*
Traducción: *Piedra Angular Comunicaciones, S.A. de C.V.*
Adaptación del diseño al español: *Mauricio Díaz*

ISBN-13: 978-0-71808-465-3

Impreso en China
16 17 18 19 20 DSC 6 5 4 3 2 1

Contenido

· · · · · · · · · ·

Tú, Señor, eres mi porción y mi copa; eres tú quien ha afirmado mi suerte.

Salmos 16.5

Mi día

Día tras día, amado Señor,
tres cosas pido de ti:
Que pueda verte con
mayor claridad,
que pueda amarte
cada vez más,
que pueda seguirte
más de cerca,
día tras día.

St. Richard de Chichester

*Gracias, oh Dios, por este nuevo
día, en la escuela, en el
trabajo y al jugar.
Por favor permanece conmigo
todo el día, en cada
aventura, juego y canción.
Que todo lo que nos hace
felices, te haga también
a ti, Padre, feliz.*

Autor desconocido

Por esta nueva mañana
  con su luz,
por el descanso y el abrigo
  que nos das de noche,
por la salud y los amigos,
por cada don que tu
  bondad despliega,
te damos gracias, Señor
  de gracia.
Amén.

Tradicional

Todo, por ti, amado Dios.
Todo lo que haga,
o piense,
o diga,
todo el día.
Ayúdame a ser bueno.

Autor desconocido

Cada vez que llueva,
*   no debemos preocuparnos.*
Cuando haga frío,
*   insultar, no debemos.*
Cuando haga calor,
*   no debemos reñir...*
Todos, gracias demos,
*   sin importar el tiempo.*

Autor desconocido

Al que alimenta a todo ser viviente; su gran amor perdura para siempre.

Salmos 136.25

Mi hora de comida

Dios es grande,
Dios es bueno.
Démosle gracias,
por nuestro alimento.

Tradicional

¡Gracias por el mundo
    encantador,
gracias por los alimentos
    que comemos,
gracias por los pájaros
    que cantan,
gracias, Dios, por todo!

E. Rutter Leatham

El Señor es bueno conmigo, y
por eso le doy gracias.
Por darme las cosas
que necesito:
¡El sol, la lluvia y la dulce
manzana!
El Señor es bueno conmigo.

Tradicional

Dios, te damos gracias por esta comida,
por la cama, la casa
y todo lo bueno;
por el viento, la lluvia y
el sol en el cielo,
pero, sobre todo, por los
que queremos.

Maryleona Frost

En paz me acuesto y me duermo, porque solo tú, SEÑOR, me haces vivir confiado.

Salmos 4.8

Mi hora de dormir

Ahora me acuesto a dormir.
Te ruego, Señor, que mi
  alma guardes.
Tu amor me cubra
  toda la noche.
Y despiértame con la
  luz matinal.

Tradicional

Señor, protégenos esta noche,
líbranos de todos
    nuestros temores,
que ángeles nos protejan
    mientras dormimos,
hasta que salga la luz matinal.

Tradicional

Señor, nos acostaremos después
de alabarte.
Cúbrenos con tus brazos
toda la noche,
restaura nuestras fuerzas
para las faenas del día.
¡Aleluya por el día!
¡Bendiciones por la noche!

Oración de un pescador

Padre, te damos gracias por la
noche,
y por la agradable luz matinal,
por el descanso, la comida,
el amor tierno,
y por todo lo que produce
la hermosura del día.

Ayúdanos a cumplir con
nuestros deberes,
a ser buenos y amables
con los demás;
y en todo lo que hacemos
y decimos,
ser más amorosos cada día.

Autor desconocido

*Hijos, obedezcan en el
Señor a sus padres, porque
esto es justo.*

Efesios 6.1

Mi familia y amigos

Dios bendiga a los que amo,
Dios bendiga a quienes
   me aman.
Dios bendiga a quienes aman
   a los que amo, y a quienes
   aman a los que me aman.
   Oración de Nueva Inglaterra

*Gracias por mis padres, Señor, y
    por todos los buenos ratos que
    juntos hemos pasado.
No hay momento que atesore
    más como el que paso
    con mamá y papá.*

*Ayúdame, Señor, a tener siempre
    presente, las tantas maneras
    que ellos me quieren.
Por los juguetes, las golosinas
    y los abrazos apretados.*

*Cuando crezca, quiero ser como
    mis padres, también.
Porque me hacen sentir
    tan especial y me
    aman tal como tú.*

Beth Burt

Que el camino te conduzca a tu
destino,
que el viento siempre
esté a tu espalda,
que el sol brille suavemente
en tu cara,
que la lluvia caiga suavemente
en tus campos;
y hasta que nos volvamos
a ver de nuevo,
que Dios te sostenga en la
palma de su mano.

Tradicional, irlandés

Amado Señor:
Gracias por mis abuelos.
Siempre tienen tiempo para
*   leerme o jugar conmigo.*
Les gusta hacerme
*   cosquillas, jugar y reír.*
Y les gustan los helados e ir
*   al parque también.*
Pero sobre todo, Dios, me
*   quieren mucho.*
Por favor, cuídalos, Señor.

Autor desconocido

Nuestra familia es grande, y
pequeña nuestra casa;
estamos apretados cual
sardinas en lata.
Pero, Padre, hay un amor
profundo que con
alegría compartimos.

Amo a mami y a papi, también;
me protegen cada día.
Pero gracias por mis hermanos
y mis hermanas, Señor;
tienen más tiempo para jugar.

Mary Hollingsworth

> *El Señor es mi pastor,*
> *nada me falta.*
>
> Salmos 23.1

Mis cosas favoritas

Por favor, dame lo que necesito,
amado Señor, si a ti te place.
Pero si piensas que no me
conviene, ayúdame
a vivir sin ello.

Tradicional

Padre amado:
escucha y bendice
estos animalitos salvajes y a
estos pajaritos que cantan.
Y protege tiernamente a las
criaturas indefensas.

Autor desconocido

Por las manzanas rojas, las
ciruelas jugosas,
y la miel de las abejas,
te damos gracias,
Padre Celestial,
y por todos los otros dones
como estos que nos das.

Autor desconocido

Los hermosos rayos del sol que
desde arriba sonríe a todos,
los árboles cuyas ramas agitan,
la fría y suave brisa,
los arroyos que fluyen
ondulantes,
las sombras de las colinas,
las flores con sus
variados colores,
todo con gran amor y
tierno cuidado has
hecho para nosotros.

Autor desconocido

Cuando siento miedo,
pongo en ti mi confianza.

Salmos 56.3

Mis sentimientos

Amado Señor:
Gracias por la fortaleza que
en ocasiones experimento,
ayúdame en los momentos
de debilidad;
gracias por la sabiduría que
en ocasiones experimento,
ayúdame en los momentos
de insensatez;
gracias por lo bien que en
ocasiones me comporto,
perdóname por los instantes
que te he fallado;
y enséñame a servirte, al igual
que al mundo que creaste,
con amor, fe y verdad,
con esperanza gracia y
buen humor. Amén.

Una oración de la
parroquia de Swaledale

¡Soy tan feliz, Jesús!
Soy feliz cuando río con
    mis amigos, o juego
    con un perrito.
Soy feliz cuando como helados,
    o escucho algún cuento.
Soy feliz cuando alguien
    dice: «te amo».
¡Señor, soy feliz porque
    te pertenezco!
¡Es la razón principal por
    la que soy feliz!

Sheryl Crawford

*Amado Dios, mi amiguita se va
a mudar y estoy muy triste.
Nos hemos divertido
mucho juntas, y no
quiero que se mude.
Ayúdala, por favor, a
encontrar nuevos amigos
dondequiera que vaya,
para que nunca esté sola.
Y ayúdame, también, a
conocer nuevos amigos.
Gracias, Jesús, por ser
mi mejor amigo.*

Autor desconocido

Amado, Dios, sé bueno
conmigo.
El mar es tan ancho,
y mi bote es tan pequeño.
Oración del pescador bretón

*Jesús, alguien que quiero mucho
está en tu presencia ahora.
Estoy muy triste porque esa
persona no está aquí.
A veces lloro... para que
huya la tristeza.
Señor, tú dices que quienes
han partido para estar
contigo están felices.
En el cielo, hay ángeles,
amigos y familiares.
Jesús, por favor ayúdame a
recordar que algún día
estaremos juntos otra vez con
nuestros seres queridos...
¡Y viviremos para siempre
contigo en el cielo!*

Sheryl Crawford

Éste es el día en que el Señor actuó; regocijémonos y alegrémonos en él.

Salmos 118.24

Mis días especiales

Mi cumpleaños

¡Amado Señor, estoy feliz hoy
porque es mi cumpleaños!
Nací en un día como hoy.
Fue un día fantástico
para mi familia, el cual
nunca podrá olvidar.
Gracias por las cosas que
me divierten, tales como
el bizcocho y las velas,
la familia y los amigos, y
los regalos y las tarjetas
de cumpleaños.
¡Pero sobre todo, Señor, gracias
por darme la vida!

Sheryl Crawford

Navidad

¿Qué puedo darle,
    si soy tan pobre?
Si fuera un pastor,
    un cordero le daría.
Si fuera un rey mago,
    mi parte haría.
¿Pero que puedo darle?
    Todo mi corazón.

Christina G. Rossetti

Navidad

*Allá en el pesebre, do nace
      Jesús,
la cuna de paja nos
      vierte gran luz;
estrellas lejanas del cielo al
      mirar se inclinan gozosas
      su lumbre al prestar.*

*Extraño bullicio despierta al
      Señor,
mas no llora el niño, pues
      es puro amor;
¡Oh, vélanos Cristo
      Jesús, sin cesar!
Y así bien felices siempre
      hemos de estar.*

Martín Lutero

El día de resurrección

¡Él es Señor!
¡Él es Señor!
¡Resucitó de entre los
*   muertos y él es Señor!*
Que toda rodilla se doble;
y toda lengua confiese,
que Jesucristo es el Señor.

Tradicional

*El Señor me escucha
cuando lo llamo.*

Salmos 4.3

Mi tiempo con Dios

Dos ojitos para mirar a Dios;
dos orejitas para escuchar
su Palabra;
dos piececitos para
andar en su senda;
dos pequeños labios para
cantarle alabanzas;
dos manitas para hacer
su voluntad;
y un corazoncito para
amarle sin fin.

Tradicional

*Todo lo que brilla, todo lo
    hermoso,
todas las criaturas,
    pequeñas y grandes,
todas las cosas que emanan
    sabiduría y hermosura,
el Señor las hizo todas.*

*Él nos dio ojos para que las
    miremos,
y labios para que
    podamos hablar,
¡Cuán grande es Dios
    Todopoderoso, que ha
    creado todo tan especial!*

Carl Frances Alexander

*Que esté Dios presente en mi
    cabeza
y en mi entendimiento.
Que esté Dios en mis ojos
y en lo que miro.
Que esté Dios en mi boca
y en lo que digo.
Que esté Dios en mi corazón
y en lo que pienso.*

Autor desconocido

La oración modelo

Padre nuestro que estás en los cielos, santificado sea tu nombre.

Venga tu reino.

Hágase tu voluntad, como en el cielo, así también en la tierra.

El pan nuestro de cada día, dánoslo hoy.

Y perdónanos nuestras deudas, como también nosotros perdonamos a nuestros deudores.

Y no nos metas en tentación, mas líbranos del mal.

Porque tuyo es el reino, y el poder, y la gloria, por todos los siglos. Amén

Mateo 6.9–13 RVR1960